안토니오 가우디

사라 바르테르 글 · 클레르 드 가스톨드 그림 | 이세진 옮김

비룡소

1852년

자연을 사랑한 아이

안토니오 가우디는 1852년 6월 25일에 에스파냐(스페인) **카탈루냐** 지방의 작은 도시 레우스에서 태어났어요. 믿음이 깊은 가톨릭* 집안의 막내아들이었지요.
아버지 프란세스크는 할아버지 대부터 쇠붙이로 물건을 만들어 온 대장장이였어요.
어머니 안토니아는 집안의 살림을 맡아 꾸렸지요.

안토니오는 아버지의 일터에 곧잘 일을 도우러 갔어요.
어렸어도 금속으로 물건을 만드는 솜씨가 뛰어났거든요!

안토니오는 아주 똑똑하고 그림 그리기를 좋아하는 아이였어요.
그는 학교가 좀 따분했어요. 발에 생긴 관절염 때문에 친구들과
맘껏 뛰놀 수도 없었지요. 조금만 뛰어도 뼈가 단단하게 굳어서 발이 아팠거든요.
그래서 여름이면 안토니오는 리우돔스에 있는 시골집에서 지낼 때가 많았어요.
자연을 오래 관찰하면서 안토니오의 마음에는 식물과 동물이 들어찼지요.

1868년

건축가가 되었어요?

열여섯 살 때, 안토니오는 카탈루냐 지방의 중심 도시 바르셀로나로 이사를 갔어요. 안토니오는 여전히 그림 그리는 걸 즐겼어요. 곡선, 면, 부피 같은 공간의 성질을 공부하는 기하학에도 재능을 보였지요. 그래서 안토니오는 스물한 살에 **바르셀로나 건축 학교**에 들어갔어요. 그곳에서 건물을 설계하고 건설하고 장식하는 법을 배웠어요.

안토니오는 학교에서 성적이 좋은 편은 아니었어요. 그렇지만 선생님들은 안토니오의 생각이 아주 새롭고 뛰어나다는 것을 알아차렸어요.

스물여섯 살이 된 안토니오는 학교를 졸업해 **건축사** 자격을 얻었어요. 그가 학교를 형편없는 성적으로 졸업하던 날, 교장 선생님이 이런 재미있는 말을 했지요.

"우리가 건축사 자격을 천재에게 주는 건지, 바보에게 주는 건지 아직 모르겠군요. 두고 보면 알게 되겠지요."

1878년

매력적인 젊은 건축가

안토니오는 1878년에 **바르셀로나**에 건축 사무소를 열었어요. 마침 바르셀로나는 항구를 통해 여러 물건을 사고팔고 다양한 문화를 주고받으며 점점 성장하고 있었어요. 기존과 다른 새로운 생각을 반겼지요! **창의력**이라면 누구에게도 뒤지지 않던 안토니오에게 좋은 기회였어요.

게다가 안토니오는 사람들과 잘 어울리고 매력 있는 젊은이였어요.
그는 곧 흥미로운 일거리를 많이 구했어요. 유명한 건축가 주제프 폰트세레와 함께 시우타데야 공원을 다시 만드는 일도 그중 하나였지요.

8

같은 해, 프랑스 파리에서 세계 여러 나라에서 만든 물건을 전시하는 만국 박람회가 열렸어요. 바르셀로나의 부유한 사업가 **에우세비 구엘**도 박람회에 왔다가 안토니오가 만든 아름다운 유리 진열장을 인상 깊게 보았어요. 두 사람은 바르셀로나에서 만난 뒤, 아주 친한 사이가 되었지요!

1883년

타일로 장식한 집 문

서른한 살에 안토니오는 처음으로 큰 건물을 만들었어요. 부유한 은행가 **마누엘 비센스**가 **여름 별장**을 의뢰한 거예요. 안토니오는 이 별장의 안과 밖을 함께 구상했어요. 안과 밖을 동시에 만들어야 건물이 조화롭다고 생각했거든요. 안토니오는 새, 꽃, 나무 같은 자연에서 영감을 받았어요. 자연은 안토니오가 좋아하는 주제 중 하나였지요.

안토니오는 별장의 파사드*와 일부 내벽을 색색깔의 **얇고 작은 타일**로 장식해 이국적인 느낌을 냈어요. 타일은 비싼 재료였지만, 안토니오는 건물 안과 밖에 아낌없이 타일을 썼어요.

10

정말 놀라워! 안토니오 가우디는 돌, 타일, 벽돌, 나무, 연철* 등 다양한 재료를 써서 이 건물을 지었어. 당시에는 대단히 새로운 시도였지!

작은 탑들이 보이지? 어쩐지 이슬람교 사원에 있는 뾰족한 탑들이 떠오르지 않아?

「카사 비센스」
1883-1888년, 에스파냐 바르셀로나 그라시아 지구 카롤리네스 거리 20-26

1883년

서로 다른 양식을 섞어요?

또 다른 부유한 사업가도 안토니오에게 바닷가 근처에 별장을 지어 달라고 부탁했어요. 이 별장에는 에스파냐어로 '변덕'이라는 뜻의 '엘 카프리초'라는 별명이 붙었어요. 유럽의 중세* 성과 서아시아의 이슬람교 사원에서 볼 수 있는 건축 양식이 섞여 있었지요. 이렇게 서로 다른 것을 섞는 독특한 구조는 안토니오의 특기가 되었어요.

1883년 말에 안토니오는 규모가 엄청나게 큰, **사그라다 파밀리아 성당**을 맡게 되었어요. 이제 바르셀로나에서 가장 큰 성당을 설계해야 했지요. 고작 서른한 살짜리 건축가에게 이런 영광이 오다니요!

이 탑은 정말 특별하지! 성에서 적이나 주위를 살피기 위해 높이 지은 망루 같기도 하고, 이슬람교 사원의 뾰족한 탑 같기도 해.

탑 위의 전망대로 올라가면 멀리 바다가 보여!

「비야 키자노(엘 카프리초)」
1883-1885년, 에스파냐 칸타브리아주 코미야스 마을

1884년

타일로 만든 모자이크

6년 전에 처음 만난 이후로 구엘과 안토니오는 매우 가깝게 지냈어요. 구엘은 안토니오의 특별한 재능을 알아보았기에 가문에서 새로 지을 승마장을 맡겼지요.

안토니오는 새로운 방식으로 마구간 지붕을 장식했어요. 타일을 부순 조각을 이어 붙여서 모자이크*를 만드는 '**트렌카디스**'라는 새로운 기법을 만들어 냈지요. 구엘은 이 장식을 인상 깊게 봤지만 특히 안토니오가 만든 별장 입구의 문에 감탄했어요.

14

「구엘 별장의 문」
1884-1887년, 에스파냐 바르셀로나 페드랄베스 지구 페드랄베스 데 아빈구다 7번지

안토니오 가우디는 스테인드글라스*, 모자이크, 금속 틀 등으로 작업하는 것에 특히 관심이 많았어. 경험 많은 장인들을 존중하고, 함께 일하는 걸 좋아했지.

이걸 봐! 그는 커다란 연철 문에 별장 입구를 지키는 멋진 용을 달았어.

1886년

구엘 저택을 짓다

얼마 후, 구엘은 바르셀로나에 저택을 새로 짓는 사업도 안토니오에게 맡겼어요.
안토니오는 거대한 문이 두 개 있는 큰 건물을 구상하고, 디테일과 장식을 풍부하게 썼지요.
그리고 문을 위로 잡아 늘인 **곡선형 아치** 모양으로 만들었어요. 안토니오는 건물을 지을 때 이런 모양의 문을 즐겨 썼어요. 전에는 본 적 없는 문이었지요!

바르셀로나에 사는 사람들은 이 저택을 보고 깜짝 놀랐어요.
안토니오의 이름은 에스파냐 신문에 계속 오르내렸어요.
심지어 미국에서도 기사가 났지요!

지붕 위의 알록달록한 망루들은 집에서 물이나 불을 쓸 때 필요한 굴뚝, 수도관, 환기구를 감춰 주지. 안토니오 가우디가 만든 건물은 모든 것이 아름다워야 했거든!

「구엘 저택」
1886-1890년, 에스파냐 바르셀로나 라발 지구 람블라 거리 3-5

1887년

빛나는 재능을 신에게

서른다섯 살이 된 안토니오는 매우 유명한 건축가가 되었어요.
자나 깨나 일에 매달렸고 주문이 끊이지 않았어요.
가톨릭 신자였던 안토니오는 점점 더 **종교**에 빠져들었어요.
잘 먹지도 않고 기도를 자주 올렸어요.

그래서 잘 아는 주교*가 에스파냐 북서부 아스토르가 대성당 옆에 집을 지어 달라고 하자,
안토니오는 곧바로 승낙했지요! 자신의 재능을 신에게 바칠 수 있는 좋은 기회였으니까요.
안토니오는 2년 동안 설계 작업에 매달렸어요.

18

「아스토르가 주교관」
1889-1913년, 에스파냐 아스토르가 에두아르도 데 카스트로 광장 15

안토니오 가우디는 주교관을 설계할 때, 파리 노트르담 대성당 같은 중세 가톨릭 성당에서 영감을 받았어.

그는 역사적인 건물에 존경을 표하면서도 늘 자기만의 개성을 더하곤 했어. 여기서는 적이 들어오는 걸 막기 위해 만든 올록볼록한 성의 요철*이나 적을 살피는 둥근 망루가 눈에 띄지!

1898년

자유로운 변화의 건축

시간이 흘러도 안토니오는 쉴 새 없이 중요한 작업을 끌고 가느라 바빴어요.
부유한 사업가 친구가 머물 집 **카사 칼베트**도 그중 하나였지요.

안토니오는 카사 칼베트를 꾸미려고 자연과 인체에서 영감받은 나무 가구들을 직접
디자인했어요. 가구를 디자인할 때도 안토니오는 모서리를 둥글린 형태를 즐겨 썼어요.

안토니오는 **카탈루냐 모더니즘**을 대표하는 건축가가 되었어요.
카탈루냐 모더니즘은 자연에서 영감을 받아 주로 곡선을 이용하고 장식적 요소를
풍부하게 사용하는 예술 운동이었어요. 안토니오 같은 예술가들은 완전히 자유롭게,
이전과는 다른 새로운 소품과 건물을 만들고 싶어 했지요!

1900년

카탈루냐의 영혼 살린 집

안토니오는 자신이 태어나고 자란 **카탈루냐 지방**에 애정이 깊었어요. 그래서 바르셀로나 근처 시골에 집을 지어 달라는 의뢰를 받았을 때 그 땅을 다스리던 카탈루냐의 왕을 떠올렸어요. 안토니오는 탑, 요철, 길고 좁은 창이 있는 중세 성이 떠오르는 집을 만들었어요.

중세의 카탈루냐 지방은 에스파냐에 속하지 않았어요. 그리고 안토니오는 카탈루냐 사람 대부분이 그렇듯 카탈루냐가 독립된 곳이 되기를 바랐지요! 안토니오는 카탈루냐의 중심 도시인 바르셀로나를 바라보는 특별한 시선을 담아 이 집을 '**아름다운 시선**'이라는 뜻의 '베예스구아르드'라고 불렀어요.

안토니오 가우디는 이 집을 카탈루냐의 마지막 왕이 살던 땅에 짓는 만큼 그 시절의 느낌이 나기를 바랐어. 하지만 높은 탑 꼭대기에는 아주 개성 있는 십자가가 달려 있지!

「베예스구아르드」
1900-1909년, 에스파냐 바르셀로나 사리아산트 제르바시 지구 베예스구아르드 거리 20

1900년

동화 속 여정의 시작

같은 해에 구엘은 안토니오에게 새로운 계획을 제안했어요. 집 60여 채, 식당, 공원, 놀이터, 학교가 갖춰진 커다란 주택 단지를 만드는 일이었지요!

하지만 돈이 너무 많이 드는 계획이라 공원만 겨우 완성할 수 있었어요. 공원만 해도 얼마나 굉장한지 축구장 30개와 맞먹는 크기였지요!

이 공원은 110미터 길이의 얕은 벽으로 둘러싸여 있어. 뱀처럼 구불구불한 이 벽은 공원을 찾은 사람들이 쉴 수 있는 벤치가 되지. 여기 앉으면 도시의 풍경이 아름답게 내려다보여!

저기 두 건물 보여? 동화 『헨젤과 그레텔』에 나오는 과자로 만든 집 같지 않아? 맛있겠다!

「구엘 공원」
1900-1914년, 에스파냐 바르셀로나
그라시아 지구 올롯 거리

곡선으로 된 건물, 독특한 모자이크 장식, 깨진 타일로 장식한 층계와 난간, 구불구불한 길과 인공 동굴 등 안토니오는 끝없는 상상력을 눈앞에 보여 줬어요. 거기에 분수대, 조각상, 지붕이 있는 산책로까지, **구엘 공원**은 동화 속에 나오는 요정의 마을 같았지요!

1904년

비늘이 물결치는 집

쉰두 살이 된 안토니오는 또 다른 중요한 작업을 맡았어요. 공장을 여러 개 운영하는 부자인 주제프 바트요가 대가족이 지낼 자신의 집을 완전히 새롭게 바꿔 달라고 했거든요. 안토니오가 맘껏 만들어 낸 집은 정말 환상적이었어요!

이 집의 지붕은 도마뱀의 등껍질을 닮았고, 발코니는 새 둥지를 닮았어요. 외벽은 **물고기 비늘**처럼 물결치지요. 안토니오는 이 집의 내부 설비까지 만들고 가구도 일부 디자인했어요.

「카사 바트요(외부)」
1904-1906년, 에스파냐 바르셀로나
에샴플레 지구 그라시아 대로 43

사람들은 여기를 '뼈의 집'이라고 불렀어. 발코니가 눈과 코가 뻥 뚫린 해골처럼 보인다나?

안토니오 가우디는 건물 외관뿐 아니라 내부에도 곡선을 많이 썼어. 직선을 보기 힘들지! 여기 기둥 보여? 꼭 코끼리 다리처럼 생겼잖아.

「카사 바트요(내부)」
1904-1906년, 에스파냐 바르셀로나
에샴플레 지구 그라시아 대로 43

1906년

집 이상을 넘어서

안토니오가 카사 바트요를 완성할 무렵, 친구 페레 밀라가 커다란 건물을 만드는 일을 맡겼어요. 안토니오는 친구를 위해 아주 우아한 작품을 만들었지요!

사람들을 꿈으로 초대하는 이 집은 안마당에서 하늘이 보여요! 구불구불한 선을 그리는 **카사 밀라**의 모양은 사막의 모래 언덕을 닮았어요. 옥상 테라스에는 굴뚝과 환기구를 장식한 조각상들이 모래성 같은 인상을 주지요.

「카사 밀라」
1906-1912년, 에스파냐 바르셀로나 에샴플레 지구 그라시아 대로 92

하지만 어떤 사람들은 카사 밀라가 거대한 바위 절벽처럼 생겼다며 '채석장'이라고 부르고 놀렸어. 건축가가 만들었다기에는 지나치게 단순한 건물이라고 생각한 거야!

1912년

줌으로 기뻐한 엘

안토니오는 12년째 구엘 공원을 만드는 일에 매달려 있었어요.
이 공원을 멋지게 마무리하려고 훌륭한 도예가이자 친구인
주제프 마리아 주졸과 함께 작업했어요.

두 사람은 길게 이어지는 벤치와 상상력 넘치는 조각을
트렌카디스 방식으로 장식했어요. 타일, 유리, 도기 조각들을
사용하여 아주 독특한 모자이크를 만든 거예요.

커다란 두 계단 사이에 걸쳐 있는 도마뱀 조각은 사실 이 공원의 분수야. 입에서 물을 뿜고 있지?

이 도마뱀 조각은 길이만 2.4미터인데, 몸 전체가 모자이크로 덮여 있어. 정말 굉장해!

「구엘 공원에 있는 도마뱀 분수」
1900-1914년, 에스파냐 바르셀로나 그라시아 지구 올롯 거리

1914년

성당을 설계하다!

어느덧 안토니오는 예순두 살이 되었어요. **사그라다 파밀리아 성당**을 만들기 시작한 지 30년이 넘었지요. 그는 이 일에 집중하려고 성당 안에 사무실까지 만들었어요. 이때부터 다른 의뢰도 받지 않았어요!

안토니오는 설계를 시험하기 위해 진짜처럼 섬세한 모형을 만들었어요. 몇 번이나 도면*을 고치고 어떤 기법을 쓸까 고민했지요. 안토니오는 일을 손에서 놓지 못했어요. 이 성당은 가장 크고 멋진 작품이 되어야 했거든요!

성당의 뾰족한 탑은
철근 콘크리트로 지었어.
당시에 철근 콘크리트는
사람들에게 낯선 재료였지만,
안토니오 가우디는 새로운
건축 재료를 즐겨 썼지!

탑 18개는
새로운 모양의 십자가,
새, 열매로 장식했어.

「사그라다 파밀리아 성당」
1883-1926년, 에스파냐 바르셀로나 에샴플레 지구 마요르카 거리 401

1926년

성당에 잠들다

나이가 많이 들었지만, 안토니오는 여전히 사그라다 파밀리아 성당에 정성과 노력을 많이 들였어요. 자신의 모든 힘을 쏟아부으며 신에게 영광을 돌리는 이 작품이 훌륭하게 완성되기를 간절히 바랐지요.

안토니오는 일흔네 살에도 저녁마다 성당에 찾아가 기도를 올렸어요. 그러던 1926년 6월 7일, 생각에 잠겨 길을 건너던 안토니오는 전차에 치이고 말았어요.

사흘 후, 그는 병원에서 숨을 거두었어요.
유달리 아끼던 사그라다 파밀리아 성당의 지하 묘지에 영원히 잠들었지요.

「사그라다 파밀리아 성당(내부)」
1883-1926년, 에스파냐 바르셀로나 에샴플레 지구 마요르카 거리 401

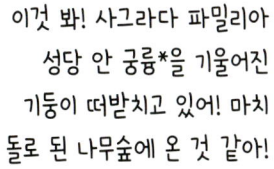

이것 봐! 사그라다 파밀리아 성당 안 궁륭*을 기울어진 기둥이 떠받치고 있어! 마치 돌로 된 나무숲에 온 것 같아!

안토니오 가우디는 사그라다 파밀리아 성당을 완성하지 못하고 죽었어. 그래도 그를 이어 성당을 완성할 건축가들에게는 놀라운 작품을 남겼지.

2000년대

세계에서 가장 유명한 건축가

안토니오 가우디는 오늘날 전 세계에서 가장 유명한 건축가예요. **자연의 아름다움을 기리는 독창적인 건물**을 보기 위해 전 세계에서 사람들이 에스파냐로 몰려오지요.

바르셀로나에는 안토니오 가우디의 작품이 많이 있어요.
그중에는 카사 바트요처럼 안으로 들어갈 수 있거나
아이든 어른이든 깜짝 놀랄 만한 건물이 꽤 있지요.

사그라다 파밀리아 성당을 찾는 사람들은 해마다 400만 명이
넘어요! 이 성당은 가우디 사망 100주년을 기념하여
2026년에 완공될 예정이에요. 가장 높은 탑이 172.5미터로
예정되어 있으니 세계에서 가장 높은 성당이 되겠지요?

2000년대

안토니오 가우디의 작품을 볼 수 있는 곳

안토니오 가우디의 작품을 보려면 에스파냐, 그중에서도 바르셀로나로 가야 해요! 이곳을 거닐다 보면 유네스코 세계 유산으로 지정된 카사 밀라, 카사 바트요, 구엘 저택 등을 볼 수 있어요. 구엘 공원을 한 바퀴 돌아보는 것도 잊지 마세요. 아름다운 산책로를 거닐 수 있고 도시와 바다가 있는 멋진 풍경도 볼 수 있어요. 바르셀로나에는 가우디가 오랫동안 살았던 집을 고쳐 만든 가우디 박물관도 있어요.

에스파냐 북부에 가면 코미야스 마을의 엘 카프리초나 아스토르가 주교관을 볼 수 있어요. 에스파냐 동부의 마요르카 섬에는 팔마 대성당이 있는데, 이 성당 안 중앙 제단에도 안토니오 가우디의 흔적이 남아 있지요!